Steakhouse Schwerin

Besser hätten es
Alfons Schubeck,
Tim Mälzer,
Johann Lafer,
Horst Lichter
und Christian Rach auch nicht
machen können...

Unser Restaurant,
Warenkunde und echt leckere
Rezepte für zu Hause

**Keine Lust zum Kochen? Dann speisen Sie lieber im
Steakhouse Schwerin:
Reservierung: ☎ (0385) 7788400 oder online auf
www.steak24.eu
Puschkinstraße 37 · 19055 Schwerin**

STEAKHOUSE
SCHWERIN

Inhaltsverzeichnis

Keine Lust zum Kochen? Dann speisen Sie lieber im Steakhouse Schwerin:
Reservierung: ☎ (0385) 7788400 oder online auf www.steak24.eu
Puschkinstraße 37 · 19055 Schwerin

STEAKHOUSE
SCHWERIN

Unser Steakhouse Schwerin

**Keine Lust zum Kochen? Dann speisen Sie lieber im
Steakhouse Schwerin:
Reservierung: ☎ (0385) 7788400 oder online auf
www.steak24.eu
Puschkinstraße 37 · 19055 Schwerin**

STEAKHOUSE
SCHWERIN

„Die beste Würze ist die starke Hitze" sagen die Chinesen. Ein zartes, gut gereiftes Steak, auf den Punkt gegrillt braucht fast kein weiteres Gewürz. Es schmeckt einfach einmalig denn es hat alles was ein gutes Essen braucht: den Biss, das Aroma, den unverfälschten Fleischsaft und das einmalige Wohlgefühl im Mund. Das dieser Genuss sich noch steigern lässt Beweis diese Buch. Im theoretischen Teil vermittelt es das Wissen wir ein erstklassiges Steak entsteht und woran gutes Fleisch zu erkennen ist. Im praktischen Teil des Buches erhalten Sie verschiedene leckere Steakrezepte. Damit nichts schief gehen kann gibt es dazu wertvolle Tipps und Tricks ...

Wohin gehen sie wenn Sie mal wieder ein richtig gutes saftiges Steak essen möchten?

STEAKHOUSE
SCHWERIN

Genau...., dann gehen Sie in das Steakhouse Schwerin. Damit gehören sie bereits zu einer großen Gästefamilie, die täglich die Wahl hat zwischen leckeren Rindersteaks, egal ob Huftsteaks, Rumpsteaks, Ribeyesteak oder Rinderfiletsteaks, sowie natürlich auch leckeres Steaks vom Geflügel und vom Schwein.

Unser Steakhouse Schwerin entstand im März 2010. Das Steakhouse Schwerin serviert seinen Gästen stets Qualität die unübertroffen ist. Auf den Punkt gegart. Außen und innen zart. Das Steakhouse Schwerin steht aber auch als Synonym für knackfrische Salate, frisch würzige Sourcreme, leckeres Knoblauchbrot und Original Baked Potatoes. Einfach ein ausgezeichnetes Restaurant.

Keine Lust zum Kochen? Dann speisen Sie lieber im Steakhouse Schwerin:
Reservierung: ☎ (0385) 7788400 oder online auf
www.steak24.eu
Puschkinstraße 37 · 19055 Schwerin

STEAKHOUSE
SCHWERIN

Wir freuen uns auf Ihren Besuch und wünschen
ihm schon jetzt Guten Appetit.

Nicole Habermann
Restaurantleiterin

Andy Personke
Küchenchef

Jens-Rainer Boldt
Küchen- und Veranstaltungsdirektor

Jörg Kutta
Geschäftsführer

Denny Junghans
Geschäftsführer

Schwerin im November 2010

**Keine Lust zum Kochen? Dann speisen Sie lieber im
Steakhouse Schwerin:
Reservierung: ☎ (0385) 7788400 oder online auf
www.steak24.eu
Puschkinstraße 37 · 19055 Schwerin**

STEAKHOUSE
SCHWERIN

Unser Credo:

Jeder Gast ein König

Jeder Blick ein Lächeln

Jeder Wunsch ein Ansporn

Unser Service ein Erlebnis

**Keine Lust zum Kochen? Dann speisen Sie lieber im
Steakhouse Schwerin:
Reservierung: ☎ (0385) 7788400 oder online auf
www.steak24.eu
Puschkinstraße 37 · 19055 Schwerin**

STEAKHOUSE
SCHWERIN

Das Produkt „Restaurant" ist weniger wichtig, als Sie glauben!

General Motors machte eine Umfrage bei den Käufern seiner Automobile. Man wollte wissen, warum die Leute GM Autos kaufen. Die Ergebnisse waren so erschreckend, dass Sie sofort in der Schublade verschwanden. Der Grund: An erster Stelle in der Gunst der Käufer steht die Telefonistin, an zweiter Stelle der Kundendienstleiter und an dritter Stelle die Buchhaltung. Vom Produkt also weit und breit keine Spur.

Unsere Produkte sind allesamt verkommen zu Basisfähigkeiten. Der Gast kann davon ausgehen und geht davon aus, dass sie gut sind, je nachdem, wie sie positioniert sind, oder je nachdem, wie der Preis ist. Und es ist eigentlich unverschämt, jemanden zu fragen: Hat Ihnen das Essen geschmeckt? Denn wenn Sie ein Auto kaufen, egal ob Koreaner oder BMW, dann fragt

9

Keine Lust zum Kochen? Dann speisen Sie lieber im Steakhouse Schwerin:
Reservierung: ☎ (0385) 7788400 oder online auf www.steak24.eu
Puschkinstraße 37 · 19055 Schwerin

Sie der Kundendienstleiter ja auch nicht: Sind Sie nach den ersten 10.000 km schon einmal liegen geblieben? Erkenntnis: Das Produkt ist auswechselbar, es ist nicht mehr wichtig und noch Basisfähigkeit.

Ob Autobranche, Bank, Versicherung oder Gastronomie – die Situation ist in jedem Dienstleistungsbetrieb die gleiche. Und so ist es auch in jeder anderen Branche. Es geht nur noch um Erlebniswerte, es geht um Kicks und nicht mehr um Bedürfnisbefriedigung, wie es bis vor einigen Jahren noch der Fall war. Und dies erfordert natürlich ein völlig anderes Marketing.

Das Geheimnis liegt in der Verlagerung vom Tun aufs Wirken. Und hierzu brauchen Sie eine Vision und motivierte Mitarbeiter, die Verantwortung übernehmen, aber auch Verantwortung übernehmen können. Die Rechnung mit der Verantwortung und einem

Keine Lust zum Kochen? Dann speisen Sie lieber im Steakhouse Schwerin:
Reservierung: ☎ (0385) 7788400 oder online auf
www.steak24.eu
Puschkinstraße 37 · 19055 Schwerin

funktionierenden Team geht nur dann auf, wenn man für völlige Transparenz sorgt und Vertrauen hat. Und zwar in jedem Bereich.

Jan Carlzon – der jüngste Präsident einer internationalen Fluggesellschaft (SAS) hat völlig Recht, wenn er meint:

Ein Mitarbeiter, der nicht alle Informationen hat, kann keine Verantwortung übernehmen. Ein Mitarbeiter, der alle Informationen hat, kann nicht anders, als die volle Verantwortung zu tragen.

Der Schriftsteller Saint-Exupéry hat dieses Phänomen in seinem Buch „Der kleine Prinz" sehr schön beschrieben:

„Willst Du ein Schiff bauen, so rufe nicht die Menschen zusammen, um Pläne zu machen, Arbeit zu verteilen, Werkzeug zu holen und Holz zu schlagen, sondern lehre sie die Sehnsucht nach

STEAKHOUSE
SCHWERIN

dem endlosen Meer. Dann bauen sie das Schiff von alleine."

Jörg Kutta (40) ist seit 21 Jahren im Hotelbusiness tätig und hat mehrere Hotelprojekte konzipiert und dessen Aufbau begleitet. Ferner ist er als Berater und Seminarleiter in Sachen Hotellerie tätig.

Kutta arbeitete schon im Alter von 15 Jahren parallel zur Schule für eine Hamburger Unternehmensberatung. Als Jahrgangsbester absolvierte er seine Ausbildung in einem der besten Hotels der Welt und bestand in den USA das „Professional Delevopment Program" an der Cornell University in New York.

Mit 26 Jahren wurde er jüngster Geschäftsführer eines Best Western Hotels in Europa und hat bis zum Alter von 33 Jahren erfolgreich drei Hotels geführt. 2003 eröffnete Kutta seine Beratungsfirma mit den

Schwerpunkten Marketing und Finanzen für Hotels als Experte für Veränderungen. Seit Januar 2003 ist Kutta Gesellschafter des InterCityHotel Schwerin. Im Sommer 2008 übernahm er das Hotel Mecklenburger Hof in Ludwigslust, dass er seitdem erfolgreich führt. Unter gleicher Leitung ist ebenfalls die Gastronomie der Burg Neustadt-Glewe. Kutta führte im Sommer 2009 ein Steakhouse in dem mondänen Badeort Timmendorfer Strand. Infos ein.

Denny Junghans (25) hat seine Ausbildung zum Restaurantfachmann im Schlosshotel in Neustadt-Glewe absolviert und dann seinen gastronomischen Erfahrungsschatz in weiteren Betrieben ausgebaut. Aktuell leitet Denny Junghans das Burg-Restaurant Neustadt-Glewe als Geschäftsführer.

Jens-Rainer Boldt (52) ist als langjähriger Küchenprofi und Küchenmeister verantwortlich

Keine Lust zum Kochen? Dann speisen Sie lieber im Steakhouse Schwerin:
Reservierung: ☎ (0385) 7788400 oder online auf www.steak24.eu
Puschkinstraße 37 · 19055 Schwerin

für die Küchen aller unserer Unternehmen, sowie für die Organisation aller Veranstaltungen.

Andy Personke (28) ist unser Küchenchef im Steakhouse, den fast nichts aus der Ruhe bringen kann. Mit viel Geschick und Souveränität leitet er alle Dinge an Grill und Herdplatten.

Nicole Habermann (24) ist die gute Fee im Steakhouse. Verantwortlich für das ganze Restaurant ist sie der gute Geist im Hause und kümmert sich um einen reibungslosen Ablauf im Service und das tolle Flair im Haus.

Unternehmensziele:

Eine gute Vision muss zwei Dimensionen haben, jene des Sinnes und jene der Herausforderung. Die des Sinnes ist ewig annäherbar. Bei der Herausforderung geht es um klare Ziele, um erreichbare Dinge. Fehlt eine dieser Dimensionen, dann hat die Vision nur noch die halbe Energie oder vielleicht sogar noch weniger.

Wenn Unternehmen also den einzigen Zweck verfolgen, viel Geld zu verdienen und irgendwelchen Investoren hohe Renditen auszuzahlen, dann wird man dafür keinen Mitarbeiter begeistern können.

Die Ziele im Einzelnen:

- Bis 2011 wollen wir durch unsere Leistungen einen Bekanntheitsgrad von 50 % der Bevölkerung im Raum Mecklenburg-Schwerin und Umgebung erreichen

15

- Bis 2011 wollen wir durch unsere Leistungen einen Bekanntheitsgrad von 5 % der Bevölkerung in Mecklenburg-Vorpommern erreichen

- Für Mitarbeiter und Gäste ist ausreichend Platz für Spaß und Freunde – jeder Einzelne wird ernst genommen – jedes Problem wird ernsthaft behandelt

- Durch die perfekte Gastgeberrolle und herausragende gastronomische Leistungen werden die „Gäste süchtig" gemacht.

- Unser Ziel ist die stetige Verbesserung unserer Dienstleistungen. Wir wollen jetzt und in Zukunft ein Unternehmen sein, an dem sich die Wettbewerber in Qualität und Leistung orientieren und das zu den besten seiner Kategorie gehört. Wir sind zeitgemäß und offen für Erneuerungen und Veränderungen.

Keine Lust zum Kochen? Dann speisen Sie lieber im Steakhouse Schwerin:
Reservierung: ☎ (0385) 7788400 oder online auf www.steak24.eu
Puschkinstraße 37 · 19055 Schwerin

Unsere Philosophie:

Im Mittelpunkt stehen bei uns der Gast und der Mitarbeiter.

Wir wollen ihre individuellen Ansprüche und Erwartungen erfüllen. Durch ständige Kommunikation miteinander überprüfen wir, ob unser Handeln den Anforderungen von Gästen und Mitarbeitern entspricht. Jeder Mitarbeiter ist Gastgeber und betreut unsere Gäste immer freundlich und aufmerksam. Wichtig für das STEAKHOUSE SCHWERIN ist die individuelle Gästebetreuung und das Feingefühl für den Umgang mit dem Schweriner Gast.

**Keine Lust zum Kochen? Dann speisen Sie lieber im Steakhouse Schwerin:
Reservierung: ☎ (0385) 7788400 oder online auf www.steak24.eu
Puschkinstraße 37 · 19055 Schwerin**

STEAKHOUSE
SCHWERIN

Die Gastronomie:

Der Aufenthalt in STEAKHOUSE SCHWERIN ist für jeden Gast ein Erlebnis. Das Ambiente ist einladend und gemütlich. Die Mitarbeiter sind freundlich, schelmisch und professionell. Das Restaurant hat hochwertigen Landhaus-Charakter. Es wird viel Wert auf Kleinigkeiten gelegt. Getränke und Speisen nach dem Motto „echt lecker" werden diesen Ort zu einem lebendigen Treffpunkt für Touristen und Einheimische machen. Die Speisekarte ist nicht zu groß und wird durch saisonale Spezialitäten ergänzt. Die Speisekarte wird internationale Steakgerichte, sowie auch Mecklenburger Traditionsgerichte enthalten. Von Montag bis Samstag wird es jeden Tag ein besonderes Special geben, ebenso wie an den Werktagen eine spezielles Mittagsgericht, dass für die umliegenden Firmen günstig und mit einer Zeitgarantie angeboten wird.

Keine Lust zum Kochen? Dann speisen Sie lieber im Steakhouse Schwerin:
Reservierung: ☎ (0385) 7788400 oder online auf www.steak24.eu
Puschkinstraße 37 · 19055 Schwerin

STEAKHOUSE
SCHWERIN

Bankett- und Cateringservices:

Durch unsere bestehenden Erfahrungen und Unternehmen sind wir in der Lage hochwertige Bankette, Konferenzbegleitungen, Caterings aller Art zu organisieren und durchzuführen. Unser „Zentral-Küchenchef Jens-Rainer Boldt" hat sich bereits überregional einen guten Namen erkocht und sorgt bei vielen Veranstaltungen für „Ahhhs" und „Ohhhs" bei unseren Gästen. Ein Bankett beginnt bei uns mit dem Erstkontakt, der Unterstützung aller Komponenten (Rahmenprogramme, Einladungen, Dekorationen ...) und endet (eigentlich) nie, da wir mit jedem Partner eine dauerhafte Beziehung anstreben. Ob unser Restaurant, unsere separaten Räume oder auch Ihre private Location bieten dafür eine optimale Plattform, die wir gern intensiv nutzen wollen.

Keine Lust zum Kochen? Dann speisen Sie lieber im Steakhouse Schwerin:
Reservierung: ☎ (0385) 7788400 oder online auf www.steak24.eu
Puschkinstraße 37 · 19055 Schwerin

STEAKHOUSE
SCHWERIN

Das Steak

Ein Steak (englisch steak, aus altnordisch steik, „Braten", zu steikja „am Spieß braten") ist eine zum Kurzbraten oder Grillen geeignete Fleischscheibe vom Rind. Steaks, die von anderen Tierarten stammen, tragen einen entsprechenden Hinweis in ihrer Bezeichnung (z. B. Kalbssteak, Schweinesteak, Putensteak, Hirschsteak usw). Auch quer zur Wirbelsäule geschnittene Scheiben aus den Filets von größeren, festfleischigen Fischen wie Schwertfisch, Thunfisch, Hai oder Lachs werden als Steaks bezeichnet (z. B. Lachssteak, Thunfischsteak usw).

Steak-Arten

Rindfleisch

Ein Steak oder Rindersteak kann prinzipiell aus jeder zum Kurzbraten geeigneten Muskelpartie des Rindes geschnitten werden. Die Art des zu verwendenden Teilstücks bzw. die Muskelpartie ist dabei nicht festgelegt. Dieses trifft ebenso auf Steaks mit Phantasiebezeichnungen zu wie z.B. Schlemmersteak, Barbecue-Steak, Grill-Steak, Ratsherren-Steak usw.

Die meisten Steakzuschnitte sind jedoch lebensmittelrechtlich genau definiert, d. h. ihre Bezeichnung weist eindeutig auf die Verwendung bestimmter Teilstücke hin. Die Art des Teilstücks kann entweder direkt aus der Bezeichnung abgeleitet werden (z.B. Filetsteak) oder sich aus der allgemeinen Verkehrsauffassung ergeben. In der Regel enthalten Steaks keine Knochen. Ausnahmen sind:

T-Bone-Steak, Porterhouse-Steak, Rib-Steak, zum Teil auch Club-Steak und (amerikanische) Zuschnittformen des Sirloin-Steaks (z. B. Pin Bone Sirloin Steak, Wedge Bone Sirloin Steak usw.). Steakzuschnitte werden aus mageren, bindegewebsarmen Teilstücken gewonnen. Geeignete Teilstücke des Rindes sind:

Filet

Unterteilbar in die dünn auslaufende Filetspitze (Endstück), das hochwertige Mittelstück und den in der Keule liegenden, qualitativ nachstehenden Filetkopf.

Hüfte (auch Blume genannt)

Ein Teilstück aus der Keule, das sich in den Hüftzapfen, die schmale und die dicke Hüfte zerlegen lässt. Die beiden letzteren Teilstücke

bilden die so genannte Steakhüfte (z.T. wird auch nur die dicke Hüfte für Steakzuschnitte verwendet).

Oberschale

Ein weiteres Teilstück aus der Keule, unterteilbar in die (runde) Oberschale, welche sich eher zum Schmoren eignet, und das kleinere seitlich ansitzende Eckstück (auch Zapfen genannt), das eine bessere Eignung als Steakfleisch besitzt.

Roastbeef

Unterteilbar in das runde Roastbeef, das zungenförmig in die Hohe Rippe hineinragt (daher in einigen Regionen auch Zungenstück genannt) sowie das flache Roastbeef, das aus dem unteren Rückenbereich stammt. Das flache

STEAKHOUSE
SCHWERIN

Roastbeef mit Rückenknochen und Filet bezeichnet man als Große Lende

Hochrippe
(auch Hohe Rippe oder Hohes Roastbeef genannt)

Liegt zwischen dem sechsten und neunten Brustwirbel. Die ausgelöste Hochrippe besteht aus dem flachem Hochrippendeckel sowie dem runden Roastbeef, das den mageren Kern bzw. das Auge (Rib-Eye) der Hochrippe bildet. Komplette Scheiben der Hochrippe (auch mit Knochen) oder nur der ausgelöste Kern können für Steaks verwendet werden.

Ein bekanntes Steak ist das T-Bone-Steak, das aus dem Fleisch des Roastbeefs und des Filets besteht und zusätzlich einen namengebenden T-förmigen Lendenwirbelknochen enthält. Diese Steaks schneidet der Fleischer in bis zu 700 Gramm schwere Scheiben. Ein Rinderfilet-

Medaillon dagegen besteht aus dem Fleisch der Filetspitze oder des Filetmittelstücks und wiegt unter 150 g. Allgemein wird bei knochenlosen Steaks ein Zuschnitt von ca. 200 g pro Person (160–250 g) empfohlen. Bei kleineren Zuschnitten (Tournedo, Filet mignon, Rinderfiletmedaillon) werden ggf. zwei Stücke Fleisch pro Person benötigt. Knochenhaltige Steaks sind aufgrund ihrer nicht verzehrbaren Bestandteile schwerer. Üblicherweise beträgt die Scheibenstärke eines Steaks mindestens zwei Zentimeter.

Weitere Steak-Arten

Bezeichnung	Kurzbeschreibung	Garzeit (Minuten je Seite)
Chateaubriand	doppelt dick geschnittenes Filetsteak aus dem Mittelstück, 360 g	ca. 5–6
Clubsteak	Scheibe aus dem hinteren Teil der Hochrippe oder aus dem angrenzendem Roastbeef mit oder ohne Knochen	
Entrecôte	Scheibe aus dem ausgelösten runden oder flachen Roastbeef, 200–550 g	ca. 4
Entrecôte	5–6 cm dicke	ca. 10

Keine Lust zum Kochen? Dann speisen Sie lieber im Steakhouse Schwerin:
Reservierung: ☎ (0385) 7788400 oder online auf
www.steak24.eu
Puschkinstraße 37 · 19055 Schwerin

STEAKHOUSE
SCHWERIN

double	Roastbeefscheibe, ca. 400–500 g	
Entrecôte Chauteau	6–9 cm dicke Roastbeefscheibe, ca. 600 g	ca. 12–15
Filetsteak	Scheibe aus dem Filet (-mittelstück), ca. 160–220 g	2,5–3
Filet mignon	Scheibe aus der Filetspitze	2,5–3
Hüftsteak oder Huftsteak	2–3 cm dicke Scheibe aus der Hüfte, wird auch Point-Steak genannt	3–4
Kluftsteak	Steak aus der Keule (meist aus der Hüfte oder Oberschale)	
Porterhouse-Steak	großes Roastbeefsteak ca. 700–1000 g, mit	12

**Keine Lust zum Kochen? Dann speisen Sie lieber im Steakhouse Schwerin:
Reservierung: ☎ (0385) 7788400 oder online auf www.steak24.eu
Puschkinstraße 37 · 19055 Schwerin**

STEAKHOUSE
SCHWERIN

	Knochen und großem Filetanteil	
Prime-Rib-Steak	aus dem mageren Kern der Hochrippe (siehe Rib-Eye-Steak), ca. 2–3 cm dick und 200 g schwer	
Rib-Eye-Steak oder Delmonico-Steak	Scheiben aus dem ausgelösten runden Roastbeef der Hochrippe, ca. 2–3 cm dick und 200 g schwer	3–4
Rumpsteak	ca. 2–3 cm dicke Scheibe aus dem Roastbeef oder aus dem angrenzenden Teil der Hüfte (Blume) 200–250 g	4
Sirloin-Steak	englische Bezeichnung	

	für Rumpsteak, Zuschnitt aber meist schwerer	
Tournedos	kleines Steak aus dem Filet, ca. 2 cm dick, 80-100 g	2,5–3
Tenderloin-Steak	englische Bezeichnung für Filetsteak	2,5–3
T-Bone-Steak	Roastbeefscheibe mit Knochen und kleinem Filetanteil, 400-600 g	8

Die Garzeiten beziehen sich auf gut abgehangenes Fleisch eines jungen Rindes und auf die Garstufe Medium.

Steaks von anderen Tieren

Kalbfleisch

Kalbsteaks werden in erster Linie aus dem Filet, dem Rücken und der Hüfte geschnitten. Kleine Steakscheiben aus dem Kalbsfilet bezeichnet man als Filet medaillon. Medaillon-Zuschnitte aus dem Filet anderer Tierarten tragen ergänzende Hinweise (z.B. Rinderfilet-Medaillon, Hirschfilet-Medaillon oder auch Medaillon vom Schweinefilet usw.).

Schweinefleisch

Schweinesteaks stammen aus dem Nacken (Schweinenackensteak, Kammsteak vom Schwein), dem ausgelösten Kotelett (Schweinerückensteak, Minutensteak vom Schwein, Schmetterlingssteak vom Schwein), der Hüfte (Schweinesteak, Hüftsteak vom Schwein) oder dem Filet

(Schweinefiletmedaillon). Holzfällersteaks vom Schwein werden aus dem Kamm (Nacken) oder der Schulter geschnitten und können Knochen enthalten.

Geflügel

Geflügelsteaks (Putensteak, Hähnchensteak) gewinnt man in der Regel aus dem ausgelösten Brustfilet der Tiere.

Fisch

Ein Fischsteak ist eine quer zur Mittelgräte geschnittene Scheibe des Fisches, im Vergleich zum Fischfilet, das immer parallel zur Mittelgräte geschnitten wird. Damit das Steak während des Garvorgangs nicht auseinanderfällt, muss das Fischfleisch ziemlich fest sein. Geeignet für den Steakschnitt sind so z.B. Lachs, Schwertfisch, Heilbutt, Steinbutt oder Thunfisch.

Die größeren Fische ergeben grätenlose Steaks, kleinere Fische (wie Lachs) ergeben Steaks, die Haut, Fleisch, die Mittelgräte sowie kleinere Gräten enthalten. Fischsteaks werden üblicherweise gegrillt, gebraten, gebacken oder frittiert (mit oder ohne Panade).

STEAKHOUSE
SCHWERIN

Rezepte:

Rinderfiletsteak, bei Niedertemperatur gegart, als Pfeffersteak, flambiert

Zutaten

Menge	Maß	Zutat
400	g	Rinderfiletsteaks (je 200 g)
1	EL	Butterschmalz
1/2	TL	Salz
2	TL	Pfeffer, grün, eingelegt, geschrotet
4	EL	Cognac
2	St	Zuckerwürfel
1	TL	Strohrum
1/4	TL	Pfeffer, schwarz, geschrotet

Zubereitung

33

Das Fleisch kurz unter kaltem Wasser abbrausen und gut abtrocken.

Eine passende Pfanne auf den Herd stellen und heiß werden lassen. Dann das Butterschmalz zugeben und bis kurz vor dem Rauchpunkt erhitzen.

Jetzt die Steaks in das Fett legen und von jeder Seite 1 bis 1,5 Minuten braten. Es kommt auf die Dicke der Steaks an. Je dicker das Steak, umso länger die Anbratzeit.

Dann die Steaks auf vorgewärmte Teller legen und mit dem schwarzen Pfeffer beidseitig bestreuen. Den grünen Pfeffer nur auf die Oberseite geben und die Teller in den bei 75 °C vorgeheiztem Ofen geben.

Keine Lust zum Kochen? Dann speisen Sie lieber im Steakhouse Schwerin:
Reservierung: ☎ (0385) 7788400 oder online auf www.steak24.eu
Puschkinstraße 37 · 19055 Schwerin

Dort 20 Minuten ziehen lassen. In der Zwischenzeit können die Beilagen ja nach Gusto zubereitet werden. Rum oder Weinbrand, unmittelbar bevor das Fleisch aus dem Ofen genommen wird, in der Mikrowelle kurz erhitzen. Den Weinbrand in einem sehr kleinen Töpfchen kurz auf dem Herd erwärmen. Beides bitte auf keinen Fall kochen lassen und auch nicht heißer als gut 50 °C werden lassen.

Nach der Garzeit das Fleisch aus dem Ofen nehmen. Die Steaks kräftig salzen. Auf je einen Esslöffel einen Zuckerwürfel legen und diesen mit dem Rum oder Weingeist tränken. Umgehend auf die Steaks setzen und diese mit dem Cognac begießen. Sofort die Zuckerwürfel anzünden und die Steaks brennend servieren. Anmerkung zum Rezept Rinderfiletsteak, Niedertemperatur gegart, als Pfeffersteak, flambiert Dazu passt ein guter Saisonsalat, sehr frisches Brot, eine gute Kräuterbutter und ein fruchtiges Dressing.

Keine Lust zum Kochen? Dann speisen Sie lieber im Steakhouse Schwerin:
Reservierung: ☎ (0385) 7788400 oder online auf www.steak24.eu
Puschkinstraße 37 · 19055 Schwerin

Bitte beachten Sie bei der Zubereitung, dass sich die im Rezept angegebenen Mengen und Garzeiten auf die Original-Menge von 2 Portionen beziehen und ggf. entsprechend angepasst werden müssen.

STEAKHOUSE
SCHWERIN

Überbackene Rumpsteaks
mit Rotwein-Pfeffer-Soße

Zutaten

Menge	Maß	Zutat
4	St	Rumpsteaks (a 200g)
1	St	große Tomate
4	Schb Käse	
0,13	l	Rotwein
300	g	Sahne
etwas Salz und Pfeffer, Pfefferkörner		
etwas Öl zum Braten		
500	g	Spätzle

Zubereitung

Etwas Fett in eine Pfanne geben und erhitzen. Dann das Rumpsteak hineinlegen und während dem Braten von beiden Seiten mit Salz und Pfeffer würzen. Das Rumpsteak sollte noch nicht

ganz durchgebraten werden da es gleich in den Ofen kommt. Während dem Braten kann man schon mal einen Topf mit Wasser, für die Spätzle, aufsetzen und diese nach Packungsanweisung zubereiten. Ist das Rumpsteak fast fertig nimmt man es aus der Pfanne und legt es auf ein mit Backpapier abgedecktes Blech. Die Tomate nun in etwa 8 Scheiben schneiden und auf jedes Steak 2 legen. Den Käse auch wieder auf die 4 Stücke verteilen und das Ganze für etwa 5-7 Minuten bei 200°C in den Ofen geben. Während der Käse jetzt schön über dem Fleisch zerläuft schnappt man sich nochmal die Pfanne in dem es angebraten wurde, erhitzt sie auf voller Stärke und gibt den Rotwein hinein. Kurz danach noch die Sahne unterrühren, salzen und die Pfefferkörner hineinlegen. Die Soße noch kurz aufkochen lassen und schon kann serviert werden!

Bitte beachten Sie bei der Zubereitung, dass sich die im Rezept angegebenen Mengen und Garzeiten auf die Original-Menge von 4 Portionen beziehen und ggf. entsprechend angepasst werden müssen.

Chili-marinierte Putenbruststeaks
mit Käse-Schinken-Haube

Zutaten

Menge	Maß	Zutat
800	g	Putenbrustfilet am
Stück		
80	g	Schinkenwürfel
100	g	geriebener Appenzeller
1/4	St	rote Chilischote
1/4	St	grüne Chilischote
100	g	Butterschmalz
1	EL	rosa Beeren
1	EL	Dijonsenf
1	EL	getrocknete
Salatkräuter		
etwas Salz		

Zubereitung

Das Butterschmalz erwärmen und mit dem Senf, den zerdrückten rosa Beeren und den getrockneten Kräutern vermischen.

Das Fleisch in ca. 12 flache Stücke schneiden. Chilischoten in sehr feine Ringe oder Streifen schneiden.

Die Chilistückchen unter das Butterschmalz heben. Das Fleisch von beiden Seiten etwas salzen und dann mit dem Butterschmalz dick, ebenfalls von beiden Seiten, einpinseln.

Die Steaks auf ein Backblech legen und mit dem Schinken bestreuen. Darüber den Käse geben und im Ofen bei 120 °C für 25 Minuten backen.

STEAKHOUSE
SCHWERIN

Anmerkung zum Rezept Chili-marinierte Putenbruststeaks mit Käse-Schinken-Haube:
Die Steaks schmecken gut zu einem kräftigen Blattsalat mit herbstlichen Früchten. Auch zu Bratkartoffeln und Gurkensalat sehr lecker.

Bitte beachten Sie bei der Zubereitung, dass sich die im Rezept angegebenen Mengen und Garzeiten auf die Original-Menge von 4 Portionen beziehen und ggf. entsprechend angepasst werden müssen.

STEAKHOUSE
SCHWERIN

T-BONE-STEAK in Senfmarinade
mit Kartoffeln und Mais

Zutaten

Menge	Maß	Zutat
350	g	T-Bone-Steaks
1	EL	Senf
1	EL	Sardellenpaste
1	TL	Zucker
1/2	TL	Zucker
1/2	Tasse Öl	
100	g	Kräuterquark
3	St	Maiskolben
3	St	Pellkartoffeln

Zubereitung

Die Steaks in der Mischung aus Senf,
Sardellenpaste, Zucker und Öl fuer eine Stunde

STEAKHOUSE
SCHWERIN

marinieren lassen. Bei hoher Temperatur ca. 5-6 Minuten von jeder Seite grillen.

Maiskolben und Pellkartoffeln in Alufolie einwickeln und ebenfalls auf den Grill legen. Eine leckere Beilage dazu ist Kraeuterquark.

Noch ein Tipp: Das Steak vor dem Grillen nicht salzen,erst nachher, sonst kann es hart und zäh werden.
Anmerkung zum Rezept T-BONE-STEAK in Senfmarinade mit Kartoffeln und Mais

Bitte beachten Sie bei der Zubereitung, dass sich die im Rezept angegebenen Mengen und Garzeiten auf die Original-Menge von 3 Portionen beziehen und ggf. entsprechend angepasst werden müssen.

Hirschsteak mit Meerrettichkruste

Zutaten

Menge	Maß	Zutat
600	g	Hirschoberschale
1	St	Meerrettichwurzel
400	g	Sellerie
200	g	Pastinaken
400	ml	Sahne
600	g	Mangold
100	g	Steinpilze
200	ml	Weißwein
2	St	Zwiebeln
1/4	Bund	Thymian
1/4	Bund	Petersilie
Salz und Pfeffer		

Zubereitung

Hirschoberschale in Steaks schneiden, anbraten und mit einer Meerrettichkruste gratinieren.

Aus Sellerie, Pastinaken und Sahne ein cremiges Püree kochen. Mangold zusammen mit Steinpilzen braten und zu einem kleinen Türmchen formen. Aus einer Weißwein-Zwiebel-Kräuterreduktion die Thymianbutter zubereiten.

Bitte beachten Sie bei der Zubereitung, dass sich die im Rezept angegebenen Mengen und Garzeiten auf die Original-Menge von 4 Portionen beziehen und ggf. entsprechend angepasst werden müssen.

Marinierte Nackensteaks aus dem Backofen

Zutaten

Menge	Maß	Zutat
6	St	große eingelegte Nackensteak
1	EL	Öl
750	g	passierte Tomaten
2	Zehen	Knoblauch
1/2	TL	Kräutesalz
1/4	TL	frischgem. Pfeffer
1	TL	Zucker
0,33	Tube	Tomatenmark
1	Tasse	Wasser
1	St	Butter
1	EL	Sahne

Zubereitung

Die Nackensteaks teilen, das Öl in einer großen Pfanne erhitzen und bei großer Flamme das Fleisch scharf anbraten.

Wenn das Fleisch von beiden Seiten braun ist wird es in eine Auflaufform gelegt.

Die Knoblauchzehen schälen, pressen, in die Pfanne geben und mit dem Tomatenmark leicht anbraten.

Nun mit dem Wasser ablöschen, die passierten Tomaten zugeben, mit Salz Pfeffer und dem Zucker abschmecken.
Alles kurz aufkochen lassen, dann über das Fleisch geben und im vorgeheizten Backofen bei 180 Grad 25 Min. backen.

STEAKHOUSE
SCHWERIN

Anmerkung zum Rezept

Marienierte Nackensteak aus dem Backofen:

Hierzu reicht man Salzkartoffeln oder Nudeln und Gemüse oder auch Salat.

Bitte beachten Sie bei der Zubereitung, dass sich die im Rezept angegebenen Mengen und Garzeiten auf die Original-Menge von 6 Portionen beziehen und ggf. entsprechend angepasst werden müssen.

Rumpsteak mit Kokos

Zutaten

Menge	Maß	Zutat
750	g	Rumpsteak
5	St	Chillies getrocknet
3	TL	Korianderkörner
2	TL	Kümmel
8	St	Schwarze Pfefferkörner
2	St	Zwiebeln
4	St	Knoblauchzehen
2	Tassen	Kokosnussflocken
1	St	Zitrone
3	EL	Wasser
5	EL	Öl

Zubereitung

Das Rumpsteak mit einem scharfen Messer in hauchdünne Scheiben schneiden. Jede Scheibe

nochmals in Quadrate von etwa 5 cm schneiden. In einem elektrischen Mixer Chillies, Koriander, Kümmel und die Pfefferkörner zerkleinern. Zwiebeln und Knoblauch mit etwas Wasser zu den Gewürzen geben und mixen, bis man eine homogene Masse erhält. Kokosraspeln mit etwas Wasser anfeuchten.

Die Gewürzpaste in eine große Pfanne geben, Fleisch und Kokosraspeln dazu. Abdecken und langsam garen lassen ohne Zugabe von zusätzlicher Flüssigkeit. Wenn das Fleisch gar ist, Deckel abnehmen, Zitronensaft und Wasser zugeben und weiterkochen, bis alle Flüssigkeit verdampft ist.

Nun das Öl in einer zweiten Pfanne erhitzen, Fleisch in der Paste dazugeben und unter Rühren braten, bis das Fleisch knusprig ist; das dauert etwa 30 Minuten.

STEAKHOUSE
SCHWERIN

Anmerkung zum Rezept Rumpsteak mit Kokos:
Bitte beachten Sie bei der Zubereitung, dass sich die im Rezept angegebenen Mengen und Garzeiten auf die Original-Menge von 4 Portionen beziehen und ggf. entsprechend angepasst werden müssen.

Amerikanisches Steak

Zutaten

Menge	Maß	Zutat
4	St	Rumpsteaks aus der Lende je 200g
etwas Pfeffer		
6	EL	Öl davon
2	EL	abnehmen für das Fleisch
2	EL	für das Gemüse
800	g	Backofen Pommes Frites
1	St	Zwiebel
1	St	Knoblauchzehe
1	kleine Dose Tomaten 250g	
1	St	Chilischote
4	St	Schwarze Oliven
etwas Salz		
1	EL	Essig

| 1 | TL | Oregano gerebelt |
| 1 | Prise | Zucker |

Zubereitung

Ofen auf 225°C vorheizen. Das Fleisch trockentupfen, pfeffern, mit Öl einreiben. Die Pommes frites nach Packungsanweisung im Ofen backen (Gas: Stufe 4)

Zwiebel und Knoblauch abziehen, beides fein hacken. Tomaten abtropfen lassen, in feine Würfel schneiden. Chilischote halbieren, sehr fein hacken. Oliven entsteinen und hacken. Zwiebel und Knoblauch in Öl andünsten. Tomaten, Chilischote und Oliven dazugeben, kurz schmoren lassen, mit Salz, Essig, Oregano, Zucker und Pfeffer kräftig abschmecken und etwas einköcheln lassen.

Steaks in einer Grillpfanne (oder einer schweren Pfanne) restlichem heißem Öl von jeder Seite 2 1/2 Minuten bei hoher Temperatur braten. 1-2

Minuten ruhen lassen, salzen. Fleisch mit der Sauce und den Pommes frites servieren.

Anmerkung zum Rezept Amerikanisches Steak: Bitte beachten Sie bei der Zubereitung, dass sich die im Rezept angegebenen Mengen und Garzeiten auf die Original-Menge von 4 Portionen beziehen und ggf. entsprechend angepasst werden müssen.

Kalbssteak mit Spargel
in Chili-Aprikosensauce

Zutaten

Menge	Maß	Zutat
1	1/2 kg	Grüner Spargel
2	St	Schalotten
1	St	Ingwer (haselnussgroß)
1	kleine	Rote Chilischote
100	g	Getrocknete Aprikosen
1	EL	Butter
150	ml	Weißwein
100	ml	Klare Brühe (Instant)
etwas Salz		
etwas Pfeffer aus der Mühle		
2	EL	Rapsöl
4	St	Kalbsrückensteaks à 100g
1	EL	Butterschmalz
etwas Chilis zum Garniere		

Zubereitung

Unteres Drittel der Spargelstangen schälen und die Enden großzügig abschneiden. Schalotten pellen und fein würfeln. Ingwer schälen und ebenfalls würfeln. Chilischote putzen, abspülen und fein schneiden. Aprikosen klein würfeln. Butter erhitzen. Schalotten, Ingwer, Chili und Aprikosen darin andünsten.

Weißwein angießen und zugedeckt 10 Minuten köcheln lassen. Brühe zufügen und alles nicht zu fein pürieren. Mit Salz und Pfeffer abschmecken. Rapsöl erhitzen. Spargel darin ringsum 8-10 Minuten braten.

Kalbssteak mit Salz und Pfeffer würzen. Butterschmalz erhitzen, Kalbssteaks darin pro Seite 3-4 Minuten braten. Alles zusammen anrichten und nach Belieben mit Chilischote garnieren.

STEAKHOUSE
SCHWERIN

Anmerkung zum Rezept Kalbssteak
mit Spargel in Chili-Aprikosensauce:
Bitte beachten Sie bei der Zubereitung, dass sich die im Rezept angegebenen Mengen und Garzeiten auf die Original-Menge von 4 Portionen beziehen und ggf. entsprechend angepasst werden müssen.

Gegrillte Lammhüftsteaks
mit Chili-Avocado-Dip

Zutaten

Menge	Maß	Zutat
4	St	Neuseelandlamm-Hüftsteaks
etwas	Pfeffer aus der Mühle	
1	große	reife Avocado
1	St	Chilischote
1	St	Bio-Limette
1	Bund	Thai-Minze
etwas	Salz	
1	TL	Honig
200	g	Zuckerschoten
200	g	Cocktailtomaten
1/2	Bund	Brunnenkresse
1	St	rote Kresse
4	EL	Olivenöl
4	EL	Honigsenf

STEAKHOUSE
SCHWERIN

3	TL	Zitronensaft

etwas Meersalz

Zubereitung

Avocado schälen, Stein entfernen und das Fruchtfleisch grob würfeln. Chili fein hacken, Limettenschale dünn abreiben. Saft auspressen und über das Avocadofleisch geben.

Minze waschen, trocken tupfen und von den Stielen zupfen. Salz und Honig zufügen und die Zutaten pürieren. Zuckerschoten waschen und in kochendem leicht gesalzenem Wasser 2 Minuten blanchieren. Kalt abschrecken.

Cocktailtomaten waschen und halbieren. Brunnenkresse waschen und gründlich abtropfen lassen. Olivenöl, Honigsenf, Zitronensaft, Salz und Pfeffer verrühren. Dressing zu den Zuckerschoten und Tomaten geben und damit ziehen lassen.

Lammfleisch trocken tupfen und mit Pfeffer würzen. Auf dem vorgeheizten Grill oder in einer Grillpfanne mit etwas Öl von beiden Seiten jeweils ca. 6-8 Minuten grillen. Inzwischen Brunnenkresse und rote Kresse zu den Zuckerschoten geben vorsichtig untermischen und mit dem Avocado-Dipp servieren. Lammsteaks mit Meersalz bestreuen. Dazu Ciabatta reichen.

Anmerkung zum Rezept

Gegrillte Lammhüftsteaks mit Chili-Avocado-Dip: Bitte beachten Sie bei der Zubereitung, dass sich die im Rezept angegebenen Mengen und Garzeiten auf die Original-Menge von 4 Portionen beziehen und ggf. entsprechend angepasst werden müssen.

Schweinefiletmedaillons
mit Käse-Nuss-Kruste

Zutaten

Menge	Maß	Zutat
800	g	Schweinefiletmedaillons
6	Schb	Vollkorntoastbrot
100	g	Butter
2	EL	gehackte Haselnüsse
2	EL	geriebener Käse
etwas Salz		
etwas Pfeffer		
1	EL	Butterschmalz

Zubereitung

Das Brot entrinden, fein würfeln und mit den Händen fein zerkrümeln.

STEAKHOUSE
SCHWERIN

Die Krümel mit der sehr weichen Butter, dem Käse und den Nüssen vermengen und mit Salz und Pfeffer abschmeckenDie Masse auf ein Stück Alufolie geben und zu einer Rolle formen. Im Tiefkühler gefrieren lassen.

Die Filets im heißen Butterschmalz von beiden Seiten je 2 Minuten anbraten. Eine Seite mit Salz und Pfeffer würzen. Mit der gewürzten Seite nach unten in eine Auflaufform setzen.

Die Krustenmasse aus dem Froster nehmen und in Scheiben schneiden. Aud den Medaillons verteilen und die Form in den Backofen geben.

Bei 175 °C für 10 Minuten überbacken lassen.

Keine Lust zum Kochen? Dann speisen Sie lieber im
Steakhouse Schwerin:
Reservierung: ☎ (0385) 7788400 oder online auf
www.steak24.eu
Puschkinstraße 37 · 19055 Schwerin

STEAKHOUSE
SCHWERIN

Rindersteak mit Röstzwiebelsoße und marinierte Kartoffelspalten

Zutaten

Menge	Maß	Zutat
4	St	Rindersteak
1	St	Zwiebeln
1/4	l	Milch
0,05	l	Wasser
50	g	Speisetärke
400	g	Speisefrühkartoffeln (kleine)
5	EL	Öl
1	TL	Salz
1 1/2	TL	Paprika (scharf)
1/2	TL	Curry
1	TL	Pfeffer
2	EL	Mehl

Zubereitung

Kartoffeln waschen, mit Schale in kleine Spalten schneiden. 5 Eßl. Öl mit Paprika, Salz und Curry vermengen. Spaltkartoffel hinzugeben, und alles gut vermengen.

Backofen auf 200 Grad vorheizen.

In einer Pfanne etwas Öl heißwerden lassen. Rindersteak hineingeben. 30 Sek. anbraten, wenden, angebratene Seite mit Pfeffer würzen. Steaks wenden, und mit der anderen Seite genauso verfahren. Jeweils 3 1/2 Minuten von beiden Seiten anbraten. Herausnehmen und in eine Auflaufform geben.

Zwiebeln in Ringe schneiden, und in Mehl wenden. Alles in die Pfanne geben, wo vorher die Steaks angebraten wurden, und kurz anrösten. Milch und Wasser hinzufügen, und kurz aufkochen lassen.

STEAKHOUSE
SCHWERIN

Speisestärke einrühren, bis es eine sähmige Konsistenz hat. Soße über die Steks geben.

Spaltkartoffeln auf ein mit Backpapier ausgelegten Backblech verteilen.

Bitte beachten Sie bei der Zubereitung, dass sich die im Rezept angegebenen Mengen und Garzeiten auf die Original-Menge von 4 Portionen beziehen und ggf. entsprechend angepasst werden müssen.

Schweinesteak in Senf-Frucht-Sauce

Zutaten

Menge	Maß	Zutat
4	St	Schweinesteaks
etwas		Pfeffer, grün, geschrotet
6	EL	Bourbon Whisky, 40 % Vol. Alkohol
100	g	Weißwein
50	g	Trockenfrüchte, gemischt
150	g	Senffrüchte
30	g	Butterschmalz
15	g	Speisestärke
200	g	Sahne
6	EL	Weißwein
4	EL	Zwiebelwürfel
etwas		Salz

Zubereitung

Whiskey und Pfeffer mischen und damit die Steaks einreiben. Alles in einen Plastikbeutel geben. Wenn vorhanden, einschweißen und 4 Std. marinieren lassen. Ansonsten den Beutel so gut wie möglich von Luft befreien und fest verschließen.

Trockenfrüchte in Wein einlegen. Dann Butterschmalz erhitzen und die Steaks darin von jeder Seite 4 Minuten kräftig anbraten. Dann in eine Auflaufform legen und im Ofen bei 60 °C warm halten, bis die Sauce fertig ist.

Die Zwiebeln im Bratfett dünsten, ablöschen und mit den Wein-Trockenfrüchten aufkochen. Senffrüchte dazugeben. Die Speisestärke mit den 6 EL Rotwein verrühren und in die Sauce rühren.

Sofort die Sahne unterheben und nochmals ganz kurz aufkochen lassen. Abschmecken mit Salz und Pfeffer. Steaks auf einer Platte anrichten und mit der Sauce überziehen.

Anmerkung zum Rezept
Schweinesteak in Senf-Frucht-Sauce:
Bitte beachten Sie bei der Zubereitung, dass sich die im Rezept angegebenen Mengen und Garzeiten auf die Original-Menge von 4 Portionen beziehen und ggf. entsprechend angepasst werden müssen.

Krokodil-Steak gegrillt

Zutaten

Menge	Maß	Zutat
2	St	Möhren
2	Stg	Lauch/Porree
etwas Ingwer gemahlen		
etwas Zitronengras gemahlen		
6	St	Tournedos
(Krokodilscheiben v. Schwanz)		
6	Schb	Limetten
120	ml	Austernsoße
1	EL	Sesamöl
etwas Koriander		
1	EL	Minze feingehackt
1	EL	Sesamsamen

Keine Lust zum Kochen? Dann speisen Sie lieber im Steakhouse Schwerin:
Reservierung: ☎ (0385) 7788400 oder online auf
www.steak24.eu
Puschkinstraße 37 · 19055 Schwerin

Zubereitung

Aus Alufolie Quadrate (pro Person eines) von 30cm Kantenlänge ausschneiden und auf der Arbeitsfläche auslegen. Karotten schälen und in Julienne-Streifen schneiden. Lauch putzen und mitsamt dem zarten Grün in Julienne-Streifen schneiden.

Karotten, Lauch, Ingwer- und Zitronenpulver in der Mitte der Folienstücke gleichmäßig verteilen. Jeweils ein Steak drauflagen und eine Limettenscheibe sowie etwa 1 Esslöffel Austernsoße und 2Tl Sesamöl daraufgeben. Das Ganze in die Alufolie einschlagen und diese dicht verschließen.

Die Päckchen in den Kombidämpfer oder auf den Grillrost legen. Nach 6 Min. ein Päckchen öffnen, um zu prüfen, ob das Fleisch gar ist. Die Steaks mit dem Gemüse auf einzelnen Tellern anrichten.

Keine Lust zum Kochen? Dann speisen Sie lieber im Steakhouse Schwerin:
Reservierung: ☎ (0385) 7788400 oder online auf www.steak24.eu
Puschkinstraße 37 · 19055 Schwerin

Mit Koriandergrün, Minze und Sesamsamen bestreuen und servieren.

Anmerkung zum Rezept Krokodil-Steak gegrillt: Bitte beachten Sie bei der Zubereitung, dass sich die im Rezept angegebenen Mengen und Garzeiten auf die Original-Menge von 4 Portionen beziehen und ggf. entsprechend angepasst werden müssen.

Gebeiztes Thunfisch-Steak auf Butterpilzen mit grünen Bandnudeln

Zutaten

Menge	Maß	Zutat
2000	g	Thunfischfilet
200	ml	Sojaöl
10	g	getrocknete Kräuter der Provence
wenig		Cayennepfeffer
wenig		Paprikapulver (edelsüss)
30	ml	Pflanzenöl
30	g	Butter
100	g	Zwiebeln, gewürfelt
1000	g	Butterpilze
wenig		Salz
wenig		Pfeffer
30	g	Petersilie, gehackt
30	g	Butter
500	g	Grüne Bandnudeln

Zubereitung

Beize aus Sojaöl, Kräutern, Cayennepfeffer und Paprika herstellen. Thunfischsteaks in der Beize etwa 18 Stunden einlegen.

Anschließend die Steaks herausnehmen. Gut abtropfen lassen und trockentupfen. In heißem Pflanzenöl vorsichtig braten.

Die Zwiebeln in Butter glasieren. Butterpilze zufügen und mit anschwitzen. Mit Salz und Pfeffer würzen.

Die Nudeln garen und mit den Zwiebeln mischen. Den Thunfisch mit den Pilzen und den Nudeln anrichten.

Anmerkung zum Rezept Gebeiztes Thunfisch-Steak auf Butterpilzen mit grünen Bandnudeln

STEAKHOUSE
SCHWERIN

Bitte beachten Sie bei der Zubereitung, dass sich die im Rezept angegebenen Mengen und Garzeiten auf die Original-Menge von 10 Portionen beziehen und ggf. entsprechend angepasst werden müssen.

Keine Lust zum Kochen? Dann speisen Sie lieber im Steakhouse Schwerin:
Reservierung: ☎ (0385) 7788400 oder online auf
www.steak24.eu
Puschkinstraße 37 · 19055 Schwerin

Känguruhsteaks am Rosmarinspieß

Zutaten

Menge	Maß	Zutat
400	g	Känguruhsteak
4	Zweige	Rosmarin
etwas	Salz	
etwas	Pfeffer, weiß, geschrotet	
400	ml	Wildfond, selbst gekocht o.a.d. Glas
200	g	Sahne
100	g	Rotwein
1	TL	Macadamiasirup
1	EL	Butterschmalz

Zubereitung

Die Steaks in vier, etwa gleich große Stücke schneiden und in jedes Stück einen Rosmarinzweig stecken. Das Fleisch nun im Butterschmalz von beiden Seiten kurz anbraten, dann salzen und pfeffern. Im Ofen bei 75 °C für 30 Minuten nachziehen lassen.

In der Zwischenzeit den Wildfond im Bratfett erhitzen und unter Rühren loskochen. Sahne, den Rotwein und den Macadamiasirup zugeben und unter Rühren einmal aufkochen lassen. Bei milder Hitze auf 1/4 der ursprünglichen Menge einkochen lassen.

Die Sauce in eine Servierschüssel geben und die Steaks am Spieß darauf anrichten.

Dazu passen Annakartoffeln und ein Salat.

Anmerkung zum Rezept Känguruhsteaks am Rosmarinspieß:

Bitte beachten Sie bei der Zubereitung, dass sich die im Rezept angegebenen Mengen und Garzeiten auf die Original-Menge von 2 Portionen beziehen und ggf. entsprechend angepasst werden müssen.

STEAKHOUSE
SCHWERIN

Straußen-Steaks auf kreolische Art

Zutaten

Menge	Maß	Zutat
4	St	Straußen-Steaks
2	EL	Rum (dunkel)
2 1/2	EL	Olivenöl (kaltgepresst)
2	Zehen	Knoblauch
12	St	Pimentbeeren
1	Prise	Pfeffer
1	TL	Cayennepfeffer
350	g	Ananas
350	g	Wassermelone
1	St	Papaya
1	St	Mango
2	EL	Limettensaft
2	EL	Minze
1	Prise	Salz

Die Zubereitungszeit beträgt zwei Tage.

Zubereitung

Aus Rum, zerdrücktem Knoblauch, einem halben Esslöffel Öl, zerdrückten Pimentbeeren, Pfeffer und Cayennepfeffer eine Marinade herstellen. Die Steaks in einer Auflaufform auf beiden Seiten damit marinieren. Die Form mit Frischhaltefolie bedecken und am besten über Nacht im Kühlschrank ziehen lassen.

30 Minuten vor Garbeginn die Steaks aus dem Kühlschrank nehmen. In der Zwischenzeit Ananas schälen und in Scheiben schneiden. Melone schälen und ebenfalls in Scheiben schneiden. Papaya schälen, halbieren, entkernen und in Scheiben schneiden. Mango schälen, entsteinen und in Scheiben schneiden. Die zerkleinerten Früchte auf Tellern anrichten. Limettensaft, einen Esslöffel Öl, gehackte Minze und Salz zu einer Marinade verrühren und beiseite stellen.

Keine Lust zum Kochen? Dann speisen Sie lieber im Steakhouse Schwerin:
Reservierung: ☎ (0385) 7788400 oder online auf
www.steak24.eu
Puschkinstraße 37 · 19055 Schwerin

STEAKHOUSE
SCHWERIN

Restliches Öl in einer Pfanne erhitzen und das Fleisch bei starker Temperatur etwa drei Minuten auf jeder Seite rosa braten. Die Steaks auf die Früchte legen, mit der Marinade beträufeln und sofort servieren.

Anmerkung zum Rezept
Straußen-Steaks auf kreolische Art:
Bitte beachten Sie bei der Zubereitung, dass sich die im Rezept angegebenen Mengen und Garzeiten auf die Original-Menge von 4 Portionen beziehen und ggf. entsprechend angepasst werden müssen.

Geflügelsteak-Triologie

Zutaten

Menge	Maß	Zutat
350	g	Straußensteak
350	g	Putensteaks
350	g	Hähnchenbrustfilet
3	EL	gehacktes Basilikum
3	EL	Cognac
500	g	Geflügelfond (selbst gekocht o.a.d. Glas)
1	EL	Tomatenmark
3	EL	Creme fraiche
etwas		Salz
etwas		Pfeffer, weiß, geschrotet
1	EL	Olivenöl

Zubereitung

Die Steaks im Öl anbraten und je nach Garzeit aus der Pfanne nehmen. Warm halten bis die restlichen Steaks gar sind. Wenn nur noch die Straußensteaks in der Pfanne sind, den Fond angießen und die Steaks in dem Fond garziehen lassen. Dann herausnehmen und alle Steaks salzen und pfeffern.

Den Fond sprudelnd einkochen lassen. Tomatenmark unterrühren und die Creme und das Basilikum unterheben. Mit Salz, Cognac und Pfeffer abschmecken.
Über die Steaks gießen und servieren.

Anmerkung zum Rezept Geflügelsteak-Triologie:
Bitte beachten Sie bei der Zubereitung, dass sich die im Rezept angegebenen Mengen und Garzeiten auf die Original-Menge von **4**

Portionen beziehen und ggf. entsprechend angepasst werden müssen.

STEAKHOUSE
SCHWERIN

Zwiebelhacksteak

Zutaten

Menge	Maß	Zutat
500	g	Hackfleisch (gemischt)
1	St	Ei
1	Pk	Zwiebelsuppe
5	EL	Rapsöl
3	EL	Essig
1	Prise	Salz
1	Prise	Pfeffer
1	Bund	Schnittlauch
1	St	Kopfsalat
2	St	Tomaten
1/2	St	Salatgurke
60	g	Röstzwiebelbutter
2	EL	Röstzwiebeln
4	Schb	Vollkornbrot

Zubereitung

Hackfleisch, Ei und Zwiebelsuppenpulver verkneten. Aus dem Teig acht flache Steaks formen. Zwei Esslöffel Öl in einer Pfanne erhitzen und die Hacksteaks darin fünf Minuten von jeder Seite braten.

Essig, Salz und Pfeffer verrühren. Restliches Öl darunter schlagen. Schnittlauch waschen, in feine Röllchen schneiden und unterrühren. Salat putzen, waschen, abtropfen lassen und klein zupfen. Tomaten und Gurke waschen. Tomate achteln, Gurke in Scheiben schneiden. Salatzutaten und Marinade mischen.

Butter in acht dünne Scheiben schneiden, auf die Steaks geben und mit den Röstzwiebeln bestreuen. Mit Salat anrichten und das Brot dazu reichen.

Anmerkung zum Rezept Zwiebelhacksteak:
Bitte beachten Sie bei der Zubereitung, dass sich die im Rezept angegebenen Mengen und Garzeiten auf die Original-Menge von **4** Portionen beziehen und ggf. entsprechend angepasst werden müssen.

STEAKHOUSE
SCHWERIN

Kleine Warenkunde:
Das perfekte Rindersteak

Für das perfekte Steak
wird nicht viel benötigt:

Ein Steak pro Person, geschnitten aus dem Rumpsteak oder aus dem Entrecote, mindestens zwei besser drei Zentimeter dick benötigt man für das perfekte Rindersteak.

Auch Hüftsteaks und Rinderfilet schmecken sehr gut.

Etwas Salz, frischgemahlenen Pfeffer (schwarz oder bunt), ein wenig Olivenöl, Küchentücher und eine schwere gusseiserne Pfanne, am besten eine Eck-Grillpfanne mit Antihaftbeschichtung.

Als Beilage eignen sich: Frischer Salat, beispielsweise Feldsalat mit Tomaten, Gurken,

STEAKHOUSE
SCHWERIN

Champignons und/oder Radieschen, frisches Weißbrot und Kräuterbutter/Knoblauchbutter. Das reicht für ein perfektes Steakessen aus.

Das Fleischstück aus der Verpackung nehmen und zehn Minuten an der frischen Luft atmen lassen. Mit einem scharfen Messer entsprechende Steaks quer zur Faser aus dem Fleischstück schneiden. Natürlich kann man sich die auch beim Metzger vorportionieren lassen. Ideal ist es, wenn die Steaks vor dem braten Raumtemperatur haben. Bei Rumpsteaks Fettrand einschneiden, ansonsten wellt sich das Fleisch beim braten und wird nicht gleichmäßig gar. Außerdem sieht es nicht schön aus. Aber nur den Fettrand einschneiden, nicht ins Fleisch schneiden. Eventuell vorhandene Stempelaufdrucke vom Fett abschneiden. Den Fettrand nicht vor dem Braten entfernen, das wäre Kalorienbewusstsein an der falschen Stelle.

Keine Lust zum Kochen? Dann speisen Sie lieber im Steakhouse Schwerin:
Reservierung: ☎ (0385) 7788400 oder online auf www.steak24.eu
Puschkinstraße 37 · 19055 Schwerin

Die Steaks unter fließendem Wasser waschen, anschließend gründlich trocken tupfen. Es darf nicht mehr nass sein, sonst spritzt das Öl.

Alles andere für das Steakessen vorbereiten: Tisch decken, Getränke anrichten, Beilagen zubereiten, Weißbrot aufschneiden.

Dann ein wenig Olivenöl in die Pfanne geben und mit einem Küchentuch verteilen, überschüssiges Fett mit dem Tuch entfernen. Die Pfanne darf nur einen leichten Fettfilm haben, die Steaks sollen nicht in Fett schwimmen. Statt Olivenöl eigenen sich auch andere Öle oder Fette, die sich stark erhitzen lassen. Butter ist nicht geeignet, auch Kräuteröle nicht, bei der hohen Hitze würden die Kräuter verbrennen und die Butter braun werden.

Pfanne ordentlich erhitzen. Die muss richtig heiß sein, das ist wichtig. Sobald das Fleisch in die Pfanne gelegt wird, müssen sich so schnell wie möglich alle Fleischporen schließen, damit so wenig Fleischsaft wie nötig austritt.

Wenn das Öl richtig heiß ist, Steaks in die Pfanne geben. Dazu niemals eine Gabel benutzen, am besten eignet sich ein Bratenwender. Die Gabel und andere spitze Gegenstände verletzen das Fleisch und lassen den Fleischsaft austreten, dadurch trocknet das Fleisch aus. Messer und Gabeln haben erst am Tisch etwas in der Nähe von Steaks zu suchen, vorher können sie den Genuss ruinieren.

Das Steak von jeder Seite eine gute Minute bei großer Hitze braten. Ein zwei Zentimeter dickes Steak hat nun eine dünne Kruste und ist innen noch roh, diese Zubereitungsart nennt sich englisch. Wird die Zubereitungsart medium

STEAKHOUSE
SCHWERIN

gewünscht, jede Seite knapp zwei Minuten braten. Pro Zentimeter Fleischdicke mehr, wird eine Minute Bratzeit zusätzlich benötigt. Bei den Zeitangaben handelt es sich um Richtwerte, je nach Qualität des Fleisches und wie gut es abgehangen ist, können die Zeiten variieren.

Weitere Richtwerte für das Garen eines perfekten Steaks:

Ergebnis	3 cm Höhe	5 cm Höhe
englisch (rare)	2 Minuten	3 Minuten je Seite
medium-englisch	2,5-3 Minuten	3,5-4 Minuten je Seite
Medium	3,5 Minuten	4-5 Minuten je Seite
durch (well-done)	4-6 Minuten	4,5-6 Minuten je Seite

pro Zentimeter mehr 1 Minute pro Seite addieren.

STEAKHOUSE
SCHWERIN

Um festzustellen, wie gar das Steak ist, kann man mit dem Bratenwender leicht andrücken, tritt noch Fleischsaft aus, ist es eher englisch als medium. Herd ausschalten, Pfanne von der Platte nehmen. Die Steaks nun sofort aus der heißen Pfanne auf die vorgewärmten Teller geben. Nicht in der Pfanne servieren, die Steaks würden in dieser nachgaren. Sind die Steaks von unterschiedlicher Stärke, erst die Dünneren servieren, die anderen in der heißen Pfanne nachziehen lassen.

Statt auf dem Herd in der Pfanne, kann das Steak natürlich auch auf dem Grill zubereitet werden. Die Zubereitung ist genau die gleiche. Unbedingt darauf achten, dass die Kohle schon richtig heiß ist. Also Steaks besser zur Mitte der Grillparty auflegen und erst Würstchen und anderes braten, welches nicht unbedingt eine hohe Hitze benötigt.

Keine Lust zum Kochen? Dann speisen Sie lieber im Steakhouse Schwerin:
Reservierung: ☎ (0385) 7788400 oder online auf www.steak24.eu
Puschkinstraße 37 · 19055 Schwerin

Salz und Pfeffer auf den Tisch stellen, so dass jeder nach eigenem Geschmack würzen kann.

Wenn man es ganz perfekt haben will und die Steaks englisch oder medium gebraten hat, vorher den Backofen auf 60-70 Grad vorheizen und die Steaks direkt aus der Pfanne lose in Alufolie packen und im Backofen noch zehn Minuten nachziehen lassen. Der Backofen soll nur warm halten, nicht nachgaren. Der Fleischsaft im Steak kann sich so gut verteilen.

Brattipp für das perfekte Steak: Nehmen mehrere Personen am Essen teil, ist es sehr wahrscheinlich dass die Geschmäcker unterschiedlich darüber urteilen, was medium ist oder was eher noch ein wenig braten sollte. Am besten schneidet derjenige in der Runde als erstes sein Steak an, der es eher etwas blutiger mag und lässt die anderen das Resultat

**Keine Lust zum Kochen? Dann speisen Sie lieber im
Steakhouse Schwerin:
Reservierung: ☎ (0385) 7788400 oder online auf
www.steak24.eu
Puschkinstraße 37 · 19055 Schwerin**

begutachten. Bei Bedarf die anderen (noch nicht angeschnittenen Steaks) wieder in die noch heiße Pfanne geben und auf beiden Seiten noch nachziehen lassen. Bei einer Gusspfanne ist es meistens nicht nötig, diese nochmals zu erhitzen, außer ein Steak, das angeschnitten wurde, muss nachgebraten werden. Dann erst Flüssigkeiten aus der Pfanne entfernen und diese noch einmal richtig heiß machen. Das Fleischstück durchschneiden und die Schnittflächen zuerst zwanzig Sekunden anbraten, damit sich die Schnittflächen schließen. Dann auf die Seite legen und nachbraten.

Wie man ein Steak auf jeden Fall verdirbt, es ist einfacher als angenommen (Anti-Anleitung):

Gabel benutzen, am besten noch beim Wenden schön ins Fleisch stechen, damit möglichst viel Fleischsaft austritt und das Steak trocken wird.

Keine Lust zum Kochen? Dann speisen Sie lieber im Steakhouse Schwerin:
Reservierung: ☎ (0385) 7788400 oder online auf
www.steak24.eu
Puschkinstraße 37 · 19055 Schwerin

STEAKHOUSE
SCHWERIN

Zu dünnes Fleisch braten. Steaks unter 2 Zentimeter, wie sie häufig an den Fertigtheken verkauft werden, gelingen in den seltensten Fällen. Je dünner es ist, desto größer die Gefahr, dass das Fleisch zu gar ist. Wenn das Fleisch nicht von absolut guter Qualität ist oder nicht lange genug abgehangen wurde, ist das eine Schuhsohlen-Steak Garantie.

Steaks vorher würzen. Salz entzieht dem Fleisch Wasser, das Fleisch wird dann trocken. Pfeffer und andere Gewürze würden in der heißen Pfanne verbrennen und werden somit besser im Nachhinein zugegeben.

Zuviel Öl, zu niedrige Temperatur: Das Fleisch schmort und laugt aus.

Fett vorher abschneiden: Kalorienbewusste geraten häufig in die Versuchung in ihren

Augen überschüssiges Fett - gerade bei Rumpsteaks - einfach vorher abzuschneiden. Das sollte besser nach dem Braten gemacht werden, das Fleisch könnte sonst trocken werden.

Zuviel auf einmal braten: Die Pfanne ist nur für die Steaks gedacht. Sollen noch Champignons, Zwiebelringe oder ähnliches angebraten werden, diese entweder in einer separaten Pfanne zubereiten oder, wenn nicht anders möglich vor den Steaks zubereiten, warm stellen. Die Pfanne muss restlos von möglichen Flüssigkeiten befreit sein, bevor die Steaks gebraten werden, ansonsten werden die Steaks geschmort und sind dann zäh. Kurz vor dem Fertigwerden der Steaks noch einmal zum erhitzen in die Pfanne geben.

Steaks niemals mit dem Holzhammer bearbeiten, das ist nur bei Schnitzelfleisch nötig. Dadurch werden die Fasern weich geklopft, das ist bei

Keine Lust zum Kochen? Dann speisen Sie lieber im Steakhouse Schwerin:
Reservierung: ☎ (0385) 7788400 oder online auf
www.steak24.eu
Puschkinstraße 37 · 19055 Schwerin

Steaks nicht notwendig. Wenn überhaupt Steaks mit dem Handballen flach drücken.

Fleisch in der Pfanne anschneiden, um zu schauen ob es schon gut ist und dann weiterbraten.

Was zu Steaks passt:
Klassisch mit frischem Weißbrot und einem schönen gemischten Salat, Kräuterbutter oder einer Sauce Bernaise schmeckt es eigentlich am besten.
Auch sehr gut mit Kräuter-Knoblauch-Baguette oder mit Folienkartoffeln und Sauerrahm.

Dazu passen aber natürlich auch Pommes Frites, Röstis, Herzoginkartoffeln und ein Gemüse. Zu Filetsteaks passt auch Langkornreis mit Wildreis gemischt und fruchtige Saucen.

STEAKHOUSE
SCHWERIN

Die vier verschiedenen Garstufen des Steaks:

1. Rare, englisch, stark blutig:

Das Steak hat einen „blutig" aussehenden Fleischkern und der Saft tritt dunkelrot aus.

2. Medium rare, blutig:

Das Steak hat nur in der Mitte einen blutigen Kern mit rötlichem Fleischsaft.

3. Medium (französisch treffend: a point), halb, bzw. mitteldurch:

Das Steak hat einen rosa Fleischkern rosa, der austretende Fleischsaft ist rosa.

4. Well-done, ganz durch:

Das Steak ist allenfalls noch leicht rosa ist und der Fleischsaft tritt hell und klar aus.

STEAKHOUSE
SCHWERIN

Leckere Rezepte rund um das Steak

Gefüllte Tomaten

Für 4 Personen:

Vorspeise

Zubereitungszeit: 15 Minuten

Backzeit: 30 Minuten

Zutaten:

4 kleine Fleischtomaten

2 Scheiben Toastbrot

4 Stiele Oregano (oder getrockneter)

350 gr. Schweinehackfleisch

3 Teelöffel edelsüßes Paprikapulver

Salz, Pfeffer

1 Knoblauchzehe

1 Eßlöffel Olivenöl

150 ml Weißwein

1 Zweig Rosmarin

Zubereitung:
Backofen auf 180 Grad vorheizen.

Von den Tomaten einen flachen Deckel abschneiden, aushöhlen und trocken tupfen.

Das Toastbrot in kaltem Wasser einweichen.

Von den Oreganostielen (ersatzweise trockenen nehmen) die Blättchen abzupfen und fein hacken. Ein paar Blätter zur Dekoration zurücklegen. Toastbrot ausdrücken. Schweinehackfleisch, Oregano und Toastbrot gut verkneten, die Masse mit Salz, Pfeffer und Paprikapulver abschmecken.

Hackfleischmasse in die ausgehöhlten Tomaten füllen.
Tomaten in eine gefettete Auflaufform setzen, mit dem Olivenöl beträufeln.

Knoblauchscheiben in sehr feine Scheiben schneiden.

Knoblauchscheiben auf den Tomaten verteilen. Rosmarinzweig und Weißwein dazugeben.

Im vorgeheizten Backofen (180 Grad) auf der mittleren Schiene 25 bis 30 Minuten backen (Umluft ist für dieses Gericht nicht empfehlenswert). Mit den zurückgelegten Oreganoblättchen garnieren. Dazu passt frisches Weißbrot, Knoblauchbrot oder auch Reis.

Kanarische Kartoffeln mit Mojo
auch bekannt als Papas arrugadas
(runzlige Kartoffeln, Schrumpfkartoffeln)

Mojo ist eine kanarische Sauce, die man auf den Kanaren auch fertig kaufen kann. Bei den kanarischen Kartoffeln handelt es sich um Runzelkartoffeln Papas arrugadas. Bei dem Gericht sollte man auf gar keinen Fall am groben Meersalz sparen. An der Küste von La Palma werden Papas arrugadas häufig auch direkt mit Meerwasser zubereitet.

Die Runzelkartoffeln eignen sich auch als Beilage zum Grillen.

Zutaten für 4 Personen:
1 kg kleine, festkochende Kartoffeln (z.B. Drillinge)
150 gr grobes Meersalz
2 unbehandele Zitronen

STEAKHOUSE
SCHWERIN

2 getrocknete Chilischoten

1 Knolle Knoblauch

1 TL Salz

1/2 TL scharfes Paprikapulver

1/2 TL gemahlener Kümmel

200 ml Ölivenöl

1 Paprikaschote

100 ml Weisweinessig

Kanarische Kartoffeln Zubereitung:
Kartoffeln mit Schale waschen, evtl. Bürsten aber auf gar keinen Fall schälen!.

Zitronen in grobe Stücke schneiden und über die Kartoffeln im Topf verteilen.

Wasser für die Kartoffeln mit soviel Meersalz versehen, dass die Kartoffeln nicht mehr zu Boden sinken, sondern oben schwimmen. Kartoffeln im Salzwasser wie gewohnt kochen.

Nach 30 Minuten sollten sie weich sein, wenn man mit einem Messer hineinsticht.

Wenn die Kartoffeln gar sind, das Wasser abgießen und die Kartoffeln solange im Topf auf der Herdplatte abdämpfen (hin und her rütteln), bis sie runzlig werden und eine leichte weiße Salzkruste bekommen.

Zubereitung der Sauce (Mojo):
Chilischoten mit heißen Wasser übergießen und eine Stunde einweichen. Dann entkernen und in Stücke schneiden.

Knoblauchknolle schälen, die Zehen in grobe Stücke schneiden. Knoblauchstücke, Chilischoten, Gewürze und zwei drittel des Essigs in ein Gefäß geben und mit dem Stabmixer zerkleinern. Es sollte eine homogene, cremige Masse entstehen. Dann unter ständigem weitermixen das Öl langsam hinzufügen. So lange mixen bis

die Masse gut verbunden ist. Abschmecken und gegebenenfalls nachwürzen (auch mit dem restlichen Essig). Etwas cremiger wird es, wenn man die gewürfelte Paprika noch untermixt.

Mojo zu den warmen Kartoffeln servieren. Natürlich kann man je nach Geschmack auch mehr oder weniger Chilischoten nehmen.

Neue Kartoffeln
mit Sour Cream und Räucherlachs

Zutaten:

4 mittelgroße neue Kartoffeln (insgesamt etwa 500 g)

1/2 Bund Petersilie

1/2 Bund Schnittlauch

1/2 Bund Dill

200 g Schmand

100 g Magerquark

4 Scheiben geräucherten Lachs

Salz, weißer Peffer

Zubereitung:

Kartoffeln unter Wasser gründlich abbürsten. Zugedeckt in etwa 25 Minuten gar kochen.

Kräuter waschen, trocken schütteln und hacken. Mit dem Schmand und dem Quark verrühren. Mit Salz und Pfeffer abschmecken.

Kartoffeln abschrecken und kreuzweise einritzen. Etwas auseinander brechen.

Kräuterquark darauf verteilen und mit je einer Scheibe Räucherlachs anrichten.

Statt Lachs kann man auch Schwarzwälder Schinken oder gekochten Schinken verwenden.

STEAKHOUSE
SCHWERIN

Knoblauch in Honig

In Honig eingelegter Knoblauch eignet sich gut als Beilage zu gegrillten Lammkoteletts.

Zutaten für ein Glas (400 ml) Knoblauch in Honig:
3 Knollen Knoblauch
200 ml Milch
3-4 Zitronen
150 g flüssiger Honig
Salz
1 kleiner Rosmarinzweig
1 kleine rote Chilischote

Zubereitung Knoblauch in Honig:
Knoblauch in Zehen teilen und pellen. Mich aufkochen, Knoblauch zugeben, aufkochen und offen zwei bis vier Minuten (je nach Dicke der Zehen) kochen lassen. Knoblauch herausnehmen, in kaltem Wasser abschrecken und gut abtropfen lassen.

Zitronen auspressen, es soll 130 ml Zitronensaft ergeben.

Zitronensaft mit Honig und einer Prise Salz aufkochen.

Rosmarin und Chilischote zugeben.

Knoblauch in ein sauberes Glas geben.

Die Honigmischung drübergießen, das Glas verschließen und **4** Tage durchziehen lassen.

Cremige Knoblauchbutter / Kräuterbutter

Kräuterbutter und Knoblauchbutter zum Grillen, zu Steaks oder pur auf frischem Weißbrot. Natürlich auch lecker zum Fleischfondue.

Zutaten für die gewürzte Butter:
250 g weiche Butter
5 Knoblauchzehen
Salz, Pfeffer, Zitronensaft
2 El Kräuter (Petersilie, Schnittlauch etc.)

Kräuterbutter / Knoblauchbutter Zubereitung:
Knoblauchbutter: Knoblauchzehen abziehen und durchpressen. Mit der weichen Butter verrühren und mit Salz, Pfeffer und Zitronensaft abschmecken.
Um Kräuterbutter zu erhalten einfach 2 Esslöffel Kräuter unter die Masse rühren.

Keine Lust zum Kochen? Dann speisen Sie lieber im Steakhouse Schwerin:
Reservierung: ☎ (0385) 7788400 oder online auf
www.steak24.eu
Puschkinstraße 37 · 19055 Schwerin

STEAKHOUSE
SCHWERIN

Wer kein Knoblauch mag, macht die gewürzte Butter ohne Knoblauch und würzt noch etwas stärker mit Pfeffer nach.

Keine Lust zum Kochen? Dann speisen Sie lieber im Steakhouse Schwerin:
Reservierung: ☎ (0385) 7788400 oder online auf www.steak24.eu
Puschkinstraße 37 · 19055 Schwerin

Zum Grillen: Selbstgemachtes Ketchup

Zutaten für 10 Portionen

2 kg reife Flaschentomaten

4 mittelgroße Zwiebeln

4 Knoblauchzehen (je nach Geschmack)

100 ml Sherryessig

2 EL Meersalz

2 EL Zucker

1 TL Chili

2 TL Koriandergrün, fein gehackt

Korianderblättchen zum Garnieren

Zubereitung:

Tomaten blanchieren, Haut abziehen und Samen entfernen. Das Fruchtfleisch fein würfeln. Zwiebeln und Knoblauch schälen und fein hacken. Mit den restlichen Zutaten mischen und gut durcharbeiten.

Kühl stellen und mindestens 1 Stunde durchziehen lassen.

Zitronendip

Zum Dip zum Grillen oder zum Fondue, passt gut
zu Fisch

Zutaten für den Zitronendip:
3 Zitronen (Bio)
3-4 Eßlöffel Zucker
1-2 Teelöffel Salz
1-2 Eßlöffel Olivenöl

Zitronendip Zubereitung:
Die Zitronen achteln und in kleine Stücke
schneiden. Ein Liter Salzwasser aufkochen und
die Zitronen darin eine Minute blanchieren.
Zitronen abgießen, abschrecken und abtropfen.
Den Vorgang einmal wiederholen und die
Zitronenstücke gut abgetropft in einer Schüssel
mit Zucker und Salz, sowie dem Olivenöl mischen

Drei schnelle Saucen für Gegrilltes

Zutaten:
250 Salatmayonnaise
500 g fettarmer Joghurt
Salz, Pfeffer
1 Esslöffel Ketchup
1 Esslöffel Tomatenmark
Paprikapulver, Curry, Chilipulver
1 hart gekochtes Ei
1 Gewürzgurke
1 Zwiebeln
2 Esslöffel Schnittlauch
1 Esslöffel abgetropfte Mandarine

Zubereitung der Grundcreme:
Salatmayonnaise mit fettarmen Joghurt verrühren. Grundcreme mit Salz und Pfeffer würzen und in drei Teile aufteilen.

STEAKHOUSE
SCHWERIN

Tomaten-Paprika-Sauce:

1 Portion Grundcreme mit 1 Esslöffel Ketchup und 1 Esslöffel Tomatenmark verrühren und mit Paprika würzen.

Leichte Remoulade:

Ein hartes Ei klein hacken, 1 Gewürzgurke in kleine Stücke schneiden, 1 große Zwiebel schälen und fein hacken (1 Esslöffel für den Currydip verwenden) und mit einer Portion Grundcreme verrühren. 2 Esslöffel Schnittlauch unterrühren.

Curry-Dip

1 Esslöffel abgetropfte Mandarine, 1 Esslöffel fein gehackte Zwiebeln mit 1 Portion der Grundcreme verrühren. Mit Curry und Chilipulver abschmecken.

Leckere Fonduesaucen

Diese leckeren Fonduesoßen passen natürlich auch zu allen Arten von Kurzgebratenem oder beim Grillen. Leckere selbstgemachte Saucen machen ein Fondue essen erst zum Erlebnis.

Tomaten-Mayonnaise-Sauce

2 Esslöffel Olivenöl

2 Zwiebeln

3 Esslöffel Tomatenmark

125 Gramm Mayonnaise

Paprikapulver, Salz, Zucker

Tabasco

Zubereitung der Tomaten-Mayonnaise-Sauce:

Die Zwiebeln abziehen und fein würfeln. Das Öl in einer beschichteten Pfanne erhitzen. Die Zwiebelwürfel darin glasig andünsten. Das Tomatenmark hinzufügen und eine Minute mit dünsten. Die Masse vom Herd nehmen und

abkühlen lassen. Dann die Masse mit der Mayonnaise verrühren. Die Tomaten-Mayonnaise Mischung mit Salz, Zucker, Paprikapulver und ein paar Spritzern Tabasco abschmecken.

Paprika-Käse-Dip
125 Gramm Doppelrahm-Frischkäse

100 Gramm Sahnejoghurt

2 kleine Gewürzgurken

2 Knoblauchzehen

50 Gramm Paprikamark aus der Tube

Salz, frischgemahlener Pfeffer

Zubereitung Paprika-Käse-Dip:
Frischkäse und Sahnejoghurt verrühren. Die Gurken würfeln. Knoblauchzehen abziehen und durchpressen. Alles zusammen verrühren und mit Salz und Pfeffer abschmecken.

Tomaten-Knoblauch Dip

3 Tomaten

3 Eigelb

3 Esslöffel Zitronensaft

3 Teelöffel Senf

1 Prise Zucker

3 Knoblauchzehe

100 ml Olivenöl

Salz, frischgemahlener Pfeffer

Zubereitung Tomaten-Knoblauch Dip:

Das Eigelb, den Zitronensaft zusammen mit Senf, Salz, Pfeffer und Zucker verrühren. Den Knoblauch abziehen, durchpressen und zu der Eimasse geben. Die Masse mit dem Handrührgerät schaumig rühren. Das Olivenöl nach und nach zufügen und weiterschlagen, bis die Masse dicklich wird.

Tomaten häuten, halbieren und entkernen. Das

Fruchtfleisch der Tomate würfeln und die Tomatenwürfel zur Sauce geben. Mit Salz und frischgemahlenen Pfeffer abschmecken.

Senfsauce

1 Becher Saure Sahne
1 Becher Joghurt
scharfer Senf

Das ganze mit einander vermischen, passt zu Fleisch, gekochtem Fisch und harten Eiern.

Kartoffelpüree mit Knoblauch

Diese Variante von Kartoffelpüree ist eine leckere Beilage zu gebratenem Fisch und Fleisch.

Zutaten für das Kartoffelpüree:
1 Kilogramm weich gekochte Kartoffeln (mehlig kochend)
6 Knoblauchzehen
80 Gramm Butter
100 ml Geflügelbrühe (Instant)
200 g Schlagsahne
Salz, Pfeffer, Muskatnuss

Zubereitung Kartoffelpüree mit Knoblauch:
Die Kartoffeln schälen und kochen und abdampfen lassen.

Knoblauch abziehen. Knoblauchzehen, Butter, Geflügelbrühe und Schlagsahne aufkochen.

Flüssigkeit zu den abgedampften Kartoffeln
geben und diese zerstampfen. Dabei auch den
Knoblauch   zerstampfen.
Püree mit Salz, Pfeffer und Muskatnuss
abschmecken

Herstellung und Verlag:
Books on Demand GmbH, Norderstedt
ISBN 978-3-8391-9922-0

**Keine Lust zum Kochen? Dann speisen Sie lieber im
Steakhouse Schwerin:
Reservierung: ☎ (0385) 7788400 oder online auf
www.steak24.eu
Puschkinstraße 37 · 19055 Schwerin**